JN492941

| 어린이 VBS 교재 |

하나님이
나를 사용하세요!

유아부
3-5세

다음세대를 하나님의 말씀 위에
파이디온선교회

부모를 위한 안내

★

자녀의 이름을 불러주며
각 과의 핵심 내용을 말해주세요.

1과 나는 아주 특별해요

○○아(야), 너는 하나님이 택하여
구원하시고, 사용하시는
특별한 사람이란다.

2과 내게는 목적이 있어요

○○아(야), 네가 살아가는 목적은
하나님께 영광을 돌리고,
세상을 축복하는 것이란다.

3과 나만이 해야 할 일이 있어요

○○아(야), 하나님이 맡기신
너만이 해야 할 일이 있단다.

4과 나를 하나님께 드려요

○○아(야), 하나님이 사용하시도록
너를 하나님께 드리렴.

자녀와 함께
암송 찬양과 구호를 외치며
말씀을 기억하세요.

유아부 1과 나는 아주 특별해요

유아부 2과 내게는 목적이 있어요

유아부 3과 나만이 해야 할 일이 있어요

마 트
어린이집

붙이는 곳
유아부 4과 나를 하나님께 드려요

1과 나는 아주 특별해요
2과 내게는 목적이 있어요
3과 나만이 해야 할 일이 있어요
마트
어린이집
4과 나를 하나님께 드려요

유아부 3-5세 / 어린이용

다음세대를 하나님의 말씀 위에
파이디온선교회

Printed in Korea

값 5,000원

ISBN 979-11-6307-194-5
ISBN 979-11-6307-189-1 (SET)
04230

4과 하나님 주머니

4과 찬양

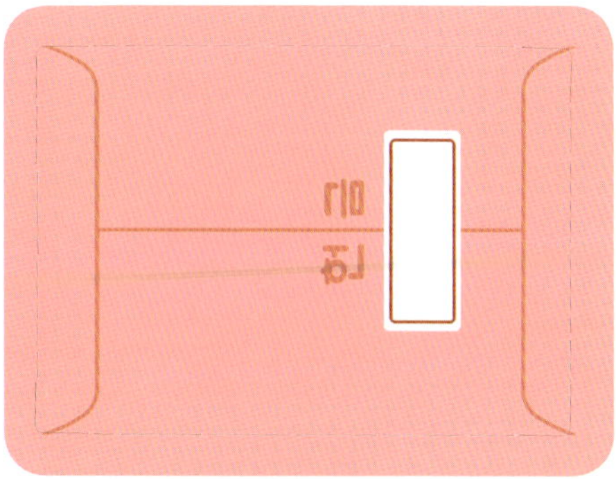

4과 헌금

4과 사랑의 말

풀칠하는 곳